AF389958

MARIE-THÉRÈSE

D'AUTRICHE,

IMPÉRATRICE-REINE.

MARIE-THÉRÈSE DE FRANCE,

DAUPHINE.

MARIE-THÉRÈSE

D'AUTRICHE,

IMPÉRATRICE-REINE.

MARIE-THÉRÈSE

DE FRANCE,

DAUPHINE.

PAR M. QUATREMÈRE DE ROISSY,

AUTEUR DE L'HISTOIRE DE Mme DE LA VALLIÈRE.

PARIS.

LE NORMANT PÈRE, LIBRAIRE,

RUE DE SEINE, N° 8, F. S. G.

1825.

PRÉFACE.

Aᴘʀᴇ̀s avoir, dans deux ouvrages publiés successivement, avec quelque succès, rapproché des femmes célèbres par des points de ressemblance qu'elles avoient entre elles, j'ose prendre un vol plus élevé. Je me propose de rapprocher dans un même volume deux augustes personnages du même sang, des mêmes noms, qui se sont immortalisés par des faits d'un courage fort au-dessus de leur sexe. Il est très-facile de voir que je veux parler de Marie-Thérèse d'Autriche, Impératrice-Reine, et de Marie-Thérèse de France, Dauphine.

On ne peut dissimuler que dans les choses de la vie les circonstances font beaucoup. Elles produisent des événemens dont les grandes âmes, maîtresses d'elles-mêmes, tirent parti pour leur gloire. Marie-Antoinette, Reine de France, auroit montré un courage digne de son auguste mère et de son illustre fille, si elle n'eût pas trouvé partout des obstacles à tous ses desseins de force et d'énergie. On a conservé de cette princesse des réponses qui valent de grandes actions.

Nos deux célèbres princesses, ont aussi de commun entre elles, à un degré très-remarquable, les sentimens et l'exercice d'une charité, d'une bienfaisance inépuisables.

Pour faire ressortir les faits qui sont si honorables pour elles, et faire bien saisir leur caractère, nous entrerons dans l'historique des temps qui ont amené ces faits, mais avec toute la sobriété que comporte notre sujet. Nous ne voulons pas reproduire, sans nécessité, ce qui est consigné avec étendue dans l'histoire ; mais en tirer des épisodes, des traits, d'un grand intérêt, qu'on ne peut trop rappeler à la mémoire des hommes, et cela sous une forme, ou sous une autre. Les Français lisent vite et ont une grande facilité à oublier. Les écrits sur les sujets que je traite sont épars, peu connus. Il me semble qu'un ouvrage de plus en ce genre, quand il ne contiendroit rien de nouveau , ne peut qu'être bien reçu du public ami des choses grandes et belles , ainsi que de la légitimité et de la dynastie des Bourbons ; bien reçu des femmes qui y verront deux héros de leur sexe.

Peut-être trouvera-t-on que cet ouvrage , dont l'intérêt est grand, forme un volume bien peu considérable. Ce reproche , au surplus , ne peut porter que sur un bon livre qu'on a lu avec attention et plaisir.

La curiosité, je le sais, n'aime pas à être trop tôt satisfaite. Des sujets connus, traités plusieurs fois, peuvent, comme nous l'avons dit, être traités encore, même assez légèrement, et plaire, si l'auteur a une bonne manière d'écrire : le livre alors est comme neuf. Le style peut faire seul le succès d'un écrit, quelle qu'en soit la matière. Aussi, quoique je dusse compter sur un grand intérêt pour mes deux augus-

tes personnages, je me suis
fait un devoir de soigner le
narré des faits, et de les rendre, ainsi que les *dits*, dans la
plus grande exactitude.

Au fond, quant au repro-
che qui pourroit être fait du
peu d'étendue de l'ouvrage,
il doit tomber, si l'on consi-
dère le plan que nous nous
sommes fait, et que nous avons
annoncé. Notre cadre est-il
rempli? Voilà toute la question. Cet écrit, n'est ni bio-

graphie, ni éloge. C'est un choix. C'est, si je puis employer cette figure, un bouquet composé des plus belles fleurs qu'offre un parterre, où toutes sont belles.

Les *Annales du règne de Marie - Thérèse d'Autriche*, par Fromageot, et l'*Histoire de la Maison d'Autriche*, par W. Coxe, nous ont fourni les matériaux historiques qui entroient dans notre plan.

Nous reconnoissons que,

pour les faits relatifs à *Madame* à Bordeaux, nous devons beaucoup, pour le fond, à un écrit intitulé : *La duchesse d'Angoulême à Bordeaux*, par M. de Beauchamp.

MARIE-THÉRÈSE

D'AUTRICHE,

IMPÉRATRICE-REINE.

Marie-Thérèse d'Autriche vint au monde le 13 mai 1717. Elle étoit fille de l'empereur Charles VI et d'Elisabeth Christine de Brunswick-Wolfenbutel. Appelée à régner sur la Hongrie et la Bohème par la mort de l'archiduc Léopold son frère, en

vertu d'un règlement de succes-
sion fait par l'empereur son père,
sous le titre de pragmatique sanction, la jeune Marie-Thérèse se
voyoit seule héritière future des
vastes Etats de la maison d'Autriche, quand, en 1736, sa main
fut donnée à François-Etienne,
duc de Lorraine. Avec Charles VI
qui descendit au tombeau en
1740, s'éteignit l'illustre maison
de Habsbourg [1] dont il étoit le
dernier rejeton mâle.

[1] Le fondateur de la première maison
d'Autriche est Rodolphe de Habsbourg.

Ce grand événement donna ouverture à de nombreuses et vives prétentions. La pragmatique sanction, qui avoit été garantie par les principales puissances, fut méconnue. La plupart des souverains de l'Europe s'apprêtèrent à entrer en partage des riches domaines de la maison d'Autriche. Le roi de Prusse (Frédéric II), qui n'étoit pas d'abord entré dans la ligue des princes prétendans, parut pour revendiquer quatre duchés en Silésie. Deux mois après la mort

de Charles VI, il étoit au centre
de cette belle province avec une
puissante armée. C'étoit un des
deux plus ardens ennemis de
Marie-Thérèse. Dans cette position, cette magnanime princesse
s'occupa de prendre possession
de ses États héréditaires. Elle reçut, sans opposition, l'hommage
de l'Autriche, de la Hongrie, de
la Bohème et de la Lombardie.
Avant tout, elle partagea ses
couronnes avec son époux déjà
grand-duc de Toscane. Elle le fit
corégent de tous ses États, se

réservant toutefois la souverai-
neté personnelle, d'après la pragmatique sanction. Elle se flattoit
de voir son époux couronné empereur. Dans le moment, l'électeur de Bavière paroissoit appelé
à l'être, par l'intervention, en sa
faveur, de la France, toujours ennemie de la maison d'Autriche.
Tout se préparoit pour le dé-
membrement de la vaste succes-
sion de Charles VI. On ne laissoit
à son héritière que la Hongrie,
la basse Autriche, les duchés de
Carinthie, de Stirie, de Carniole

et le Brabant. De premiers succès
militaires rendoient très-probable
l'envahissement concerté. L'électeur de Bavière, le plus entre-
prenant de tous les princes en
armes, s'avança à la tête d'une
armée française, se fit couronner
archiduc d'Autriche, roi de Bohème, et bientôt il sera empereur
d'Allemagne sous le nom de
Charles VII.

Dans un péril aussi pressant,
Marie-Thérèse montra un courage, une fermeté, une constance
au-dessus de son âge et de son

sexe. Forcée de quitter Vienne, elle court en Hongrie ; elle assemble les quatre Ordres de l'Etat à Presbourg. Quel spectacle que celui d'une femme jeune, grande et belle [1] dans la dignité du rang, de la maternité, du malheur et du courage ! Ce fut ce spectacle que la fille de l'empereur Charles VI donna aux Palatins hongrois. Tenant dans ses bras son fils, qui fut depuis Joseph II, elle leur adressa ces pa-

[1] Marie-Thérèse étoit la plus belle princesse de l'Europe.

roles en latin [1] : *Abandonnée de mes amis, persécutée par mes ennemis, attaquée par mes plus proches parens* [2]*, je n'ai de ressource que dans votre fidélité, votre courage et ma constance. Je mets entre vos mains la fille et le fils de vos Rois qui attendent de vous leur salut.* A cette vue, à ces paroles, les braves Hongrois font éclater l'enthousiasme et le dévouement. Ils tirent leurs

[1] Le latin est une langue usitée en Hongrie et que Marie-Thérèse parloit bien.

[2] Les époux de ses nièces.

sabres et s'écrient : *Moriamur pro rege nostro Maria-Theresia!* Mourons pour notre roi Marie-Thérèse! Cet enthousiasme étoit précieux en ce moment pour la jeune Reine. C'étoit vers ce temps, qu'apprenant chaque jour les progrès que faisoient les armes de ses ennemis, elle écrivoit à la duchesse de Lorraine sa belle-mère : *J'ignore s'il me restera une ville pour y faire mes couches.* Le sort changea bientôt pour elle.

[1] Ils ne connoissoient que le nom de Roi.

Des bords de la Drave et de la
Save, il sortit des peuplades
ignorées jusqu'alors, qui se joi-
gnirent aux Hongrois. Le comte
de Kevenhuller à leur tête reprit
l'Autriche et s'empara de la capitale de la Bavière.

Marie-Thérèse, qui avoit besoin d'alliés pour seconder ses
efforts, songea à intéresser à sa
cause l'Angleterre et la Hollande.
Ses grandes infortunes avoient
si vivement touché la nation an-
glaise [1], et surtout les femmes,

[1] Le gouvernement anglais a été sou-

qu'elles firent à la princesse l'offre de 100,000 livres sterling. La veuve du fameux Marlboroug fut leur interprète. La reine de Hongrie crut qu'il étoit de sa délicatesse de ne point accepter l'offre des dames anglaises, au moment où le parlement d'Angleterre votoit des subsides considérables pour sa défense. Il étoit dans sa situation de ne rien épargner pour dissoudre la ligue

vent accusé d'égoïsme et de machiavélisme; mais la nation a toujours, à bon droit, été renommée pour sa génerosité et sa libéralité.

de ses ennemis. Elle désintéressa
le plus redoutable de tous par
la cession, en 1742, de la Silésie
tant convoitée par lui. D'autres
souverains se retirent à l'exemple
du roi de Prusse. Le roi d'Angleterre, Georges II, se montra
seul avec zèle et désintéressement.
Il amena en personne au secours
de la jeune reine une armée d'Anglais, d'Hanovriens et de Hessois.
Tout va changer de face. Le
nouvel empereur (l'électeur de
Bavière) n'eut plus que des revers. La ville de Francfort fut

son seul asile. D'un autre côté, Louis XV, son allié, redoubla d'efforts pour soutenir son parti. Une nouvelle ligue se forma, dans laquelle entra le roi de Prusse. Il envahit la Bohème pendant que le roi de France pénétroit dans le Brisgaw avec une armée de cent mille hommes, et que l'empereur Charles VII reparoissoit triomphant dans Munich sa capitale.

La scène politique change encore. Charles VII est frappé de mort, et son fils, loin d'annoncer des prétentions, s'empresse de faire sa paix particulière avec Marie-Thérèse. Le trône impérial étoit vacant. La Reine, par l'ascendant que lui donnoient ses grandes qualités, son courage et sa nouvelle fortune, obtint d'y faire asseoir son époux, qui prit le nom de François Ier. Il fut reconnu par le roi de Prusse lui-même, qui fit de nouveau sa paix, à des conditions très-bonnes pour lui. La France seule continua la guerre avec d'assez grands succès (témoin la victoire à Fontenoi, et la prise de plusieurs places). Elle fut enfin terminée en 1748 par la paix d'Aix-la-Chapelle.

Marie-Thérèse, en possession paisible de son immense héritage, sauf les concessions qu'elle avoit été forcée de faire, eut le courage du bien dans tous les genres. Ses premiers soins se portèrent à réparer les calamités de la guerre, à en effacer les traces par des bienfaits signalés, en vivifiant l'agriculture, le commerce, les arts et l'industrie. Les

3.

ports de Trieste et de Fiume
furent ouverts à toutes les nations. Des canaux nouvellement
creusés apportèrent dans les villes
des Pays-Bas les productions des
deux Indes. De belles routes s'of-
frirent de toutes parts. Vienne
fut agrandie et embellie. Des
manufactures de draps, d'étoffes
de soie, de glaces, de porcelai-
nes, alimentèrent ses faubourgs.
Des universités, des colléges furent fondés pour les sciences et la
littérature. Les arts du dessin eurent des écoles spéciales à Prague,

à Inspruck; des bibliothèques furent ouvertes au public. Voilà ce qui fait la gloire d'un règne. Il falloit plus au cœur tendre et bienfaisant de l'Impératrice. Ses attentions généreuses s'étendirent à toutes les classes de ses sujets. Les soldats blessés ou infirmes furent reçus dans de vastes hôpitaux. Les troupes impériales étoient nombreuses et continuellement exercées aux nouvelles manœuvres. Vienne, Neustadt, Anvers, avoient des académies militaires. Il sembloit à l'Impératrice-Reine qu'elle ne pouvoit prendre trop de précautions contre le roi de Prusse, son plus fidèle ennemi.

Marie-Thérèse trouva de plus grandes ressources dans un événement qu'elle eut occasion de faire naître, lequel fit de la France, si ancienne ennemie de l'Autriche, sa plus importante alliée. Le prince de Kaunitz, qui avoit toute la confiance de l'Impératrice et qui la méritoit, étant son ambassadeur à la cour de Versailles, opéra tant et si efficacement sur la favorite [1] qui gouvernoit alors, qu'il obtint pour sa souveraine un traité d'alliance (1756) qui renversa en un moment le système politique établi par Henri IV et par le cardinal de Richelieu. Se trouvant ainsi assurée de l'appui de la France, l'Impératrice n'eut pas de peine à faire entrer dans ses vues les cours de Russie, de Suède et de Saxe. Elle n'attendoit qu'une occasion pour se venger du roi de Prusse, en reprenant sur lui la

[1] La marquise de Pompadour.

Silésie dont elle lui avoit fait deux fois la cession forcée. Le moyen, elle le trouvoit dans la ligue de cinq puissances formée contre lui. Frédéric vit les préparatifs de la coalition, et aussitôt les déjoua en fondant tout à coup sur la Saxe, et en s'emparant de Dresde. Marie-Thérèse se fit habilement de ces actes un prétexte pour faire mettre le roi de Prusse au ban de l'empire, et pour armer tout le corps germanique. La cour de France ne s'étoit engagée de fournir à l'Autriche qu'un secours de vingt-quatre mille hommes, en cas qu'elle fût attaquée. La cour de Vienne parvint à obtenir deux traités successifs (1757-1758), par lesquels la France s'obligea à faire passer plus de cent mille hommes en Allemagne et à payer annuellement à l'Autriche un subside de plus de trente millions de France. Les armes de l'Impératrice eurent des succès. Nous ne parlerons que de la victoire de Chotzemitz remportée par le célèbre comte Daun, parce qu'elle

donna lieu à l'institution de l'Ordre insigne de *Marie-Thérèse.*
L'Impératrice ne commandoit
pas ses armées ; mais elle s'étoit
donné des généraux (les Daun, les
Loudon) dignes de Frédéric qu'ils
savoient battre. Cette généreuse
princesse eut le bon esprit d'aller
elle-même avec l'empereur , porter à l'épouse du vainqueur de
Chotzemitz la nouvelle de la victoire.

Toutes les puissances belli-
gérantes sentirent plus ou moins
qu'elles avoient besoin de repos,

La paix de Hubertsbourg (février 1762), termina la querelle si fameuse sous le nom de *guerre de sept ans*. La Silésie, tant disputée, demeura définitivement à Frédéric; et, ce qui est souvent arrivé dans les guerres modernes, l'Allemagne revit les choses dans l'état où elles étoient auparavant.

Marie-Thérèse eut une sorte de dédommagement de ce qu'elle avoit perdu, dans l'élection qui fut faite de l'archiduc son fils à la dignité de roi des Romains, laquelle lui assuroit la couronne impériale. Elle lui échut l'année suivante, par la mort prématurée de son père, l'empereur François Ier [1]. L'Impératrice-Reine, qui aimoit en amante son auguste époux, le pleure amèrement. La constance de son caractère se montra en cette occasion. Elle prit un grand deuil qu'elle ne quitta point pendant les quinze ans qu'elle survécut. Par elle fut fondé un chapitre de chanoinesses, dont le devoir étoit de

[1] Par lui a commencé la seconde maison d'Autriche.

prier à perpétuité pour le salut du défunt empereur. A Vienne, elle descendoit tous les mois dans la sépulture des empereurs pour pleurer sur la tombe d'un époux si tendrement regretté. La mort étant toujours présente à son esprit, elle fit faire son cercueil, et cousut elle-même son vêtement funèbre. C'est dans cette robe mortuaire, préparée avec le plus grand secret, qu'elle a été ensevelie.

L'Impératrice-Reine cependant avoit l'œil ouvert sur les

grands intérêts politiques. Elle ne put voir, sans inquiétude, sur un trône du Nord une jeune femme, qui cherchoit la gloire par de brillans succès militaires. Catherine seconde pressoit si vivement la Turquie par ses armes, que Marie - Thérèse s'empressa de notifier qu'elle joindroit ses forces à celles des Turcs, si les armées russes passoient le Danube. Déjà même (1771) une convention, entre l'Autriche et la Porte, étoit signée à Constantinople : aussi l'étonnement fut

grand, quand on vit le rappro-
chement intime qui se fit tout à
coup entre les deux impératrices,
si différentes de caractère, de
principes et de mœurs. La cause
n'en fut connue qu'au bout d'un
an, quand s'effectua le partage de la Pologne. On y fit entrer
Marie-Thérèse. Tout se fit à
l'amiable entre les parties pre-
nantes.

La paix qui régnoit partout
fut troublée de nouveau. La suc-
cession de Bavière, vacante par
la mort de Maximilien Joseph,

revenoit de droit à l'électeur Pa-
latin, comme chef de la branche
aînée. Le roi des Romains, trouvant une occasion d'acquérir de
la gloire par les armes, mit tout
en œuvre pour déterminer l'impératrice sa mère, qui y répu-
gnoit beaucoup, à envahir la
Bavière. Le roi de Prusse, de
son côté, s'empara de la Bohème.
Des forces considérables alloient
se mesurer dans cette querelle,
quand la médiation de la France
et celle de la Russie apaisèrent
tout. Cette paix de Teschen (1779)

fut le dernier acte de la vie politique de Marie-Thérèse : ce fut la joie de son cœur. Elle mourut le 29 novembre 1780, à l'âge de 63 ans, emportant dans le tombeau le titre de *Mère de la Patrie*, titre [1] glorieux qui n'a été donné à aucune autre souveraine. Sa mort fit un deuil universel. Le grand nom de Marie-Thérèse avoit rempli l'Eu-

[1] Dans l'histoire ancienne et moderne, on voit que le titre de *père de la patrie* n'a été donné qu'à Cicéron et à Côme de Médicis. Louis XII a été appelé *le père du peuple*.

rope. Le roi de Prusse écrivoit
à d'Alembert : « J'ai donné des
larmes bien sincères à la mort de
l'impératrice : elle a fait honneur
à son sexe et au trône. Je lui ai
fait la guerre, et je n'ai jamais
été son ennemi. » « Souveraine
de tous les cœurs, dit Voltaire,
elle avoit banni de sa cour l'étiquette qui rend le trône odieux [1].
Elle admettoit à sa table, contre
l'usage ordinaire, toutes les dames

[1] L'expression est trop forte. Il est cer-
tain que l'étiquette rend un souverain
beaucoup moins accessible, et qu'il a besoin de se communiquer.

de distinction. Chacun l'abor-
doit librement. Jamais elle ne
refusoit d'audience, et personne
n'en sortoit sans être content. »

La Mère de la Patrie étoit
surtout *la mère* des malheureux
et des indigens. Secourir étoit
un besoin de son âme également
pieuse et sensible. Ayant aperçu
un jour dans les environs de son
palais une femme et deux enfans
exténués de besoin, elle s'écria
avec l'accent de la plus vive
peine : *Qu'ai-je donc fait à la
Providence, pour qu'un tel spec-*

*tacle afflige mes regards et désho-
nore mon règne ?* Au même ins-
tant, elle ordonna que l'on servît
à cette mère malheureuse des
mets de sa propre table; elle la
fit venir, l'interrogea, et lui assi-
gna une pension sur sa cassette.
On l'a entendue dire : *Je me reproche le temps que je donne au
sommeil, c'est autant de dérobé
à mes peuples.* Que d'âme dans ce
peu de paroles !

Cette grande et généreuse princesse témoignoit dans ses derniers

momens la crainte que les personnes soutenes par ses chari-
tés secrètes, ne fussent privées
de tous moyens de subsistance
lorsqu'elle ne seroit plus. *Si je
désirois l'immortalité*, dit-elle,
peu d'instans avant d'expirer, *ce
seroit pour soulager les malheureux.* Il est dit qu'elle faisoit par
an pour deux millions tournois
de pensions sur sa cassette.

Les exemples de courage, de
constance et de bienfaisance donnés aux souverains par Marie-

Thérèse d'Autriche, vont être reproduits avec un plus grand développement dans l'historique suivant, qui n'est qu'une partie de la vie de Marie-Thérèse de France.

MARIE-THÉRÈSE

DE FRANCE,

DAUPHINE.

La destinée de Marie-Thé-
rèse (Madame royale) a été d'a-
voir beaucoup plus d'occasions
que son auguste aïeule de montrer du courage dans les périls,
de la constance et de la résignation dans l'adversité. Trente an-

5

nées de la révolution française
ont produit plus de calamités
que ne pourroit en produire
un siècle de guerres et de com-
bats.

Marie-Thérèse de France est
née à Versailles le 19 décembre
1778. Son éducation fut très-
soignée. Elle eut successivement
pour gouvernantes Mme la duchesse Jules de Polignac, et
Mme la marquise de Tourzel. La
reine dit à cette dernière en la
plaçant auprès de sa fille : *Je
donne en dépôt à la vertu ce*

que j'avois confié à l'amitié [1]. La jeune princesse eut pour principale institutrice son auguste mère, la reine elle-même. Le roi lui donnoit aussi des leçons. Elle avoit environ treize ans, quand elle en reçut du malheur, et eut en même temps sous les yeux les plus touchans exemples de courage, de constance, de résignation et de piété. Ce qui après les scènes du 21 juin 1791, faisoit dire à la reine, en répon-

[1] *Dernières années du règne de Louis XVI*, par M. Hue.

dant à un député qui lui demandoit l'âge de Madame royale : *Elle a, Monsieur, l'âge où l'on ne sent que trop l'horreur de pareilles scènes* [1].

Madame royale suivit au Temple ses infortunés parens : elle fut captive avec eux. La jeune princesse fit elle-même la relation de sa dure et longue captivité. La reine a péri au mois d'octobre 1793, et Mme Elisabeth au mois de mai 1794. *Ma-*

[1] *Dernières années du règne de Louis XVI.*

dame a été seule épargnée, mais est restée prisonnière.

Pour un homme un peu accoutumé aux choses de la vie [1], qui auroit été subitement introduit dans la tour du Temple, quel tableau qu'une fille de quinze ans, sous de nobles traits, dans la solitude d'une prison, mal vêtue de noir [2], flétrie par une longue affliction et dans les tourmens de l'inquiétude ! Madame

[1] Paroles de M. de Chateaubriand, Mém. sur Mgr le duc de Berry.

[2] *Madame* avoit une robe noire qui la couvroit à peine. Journal de Cléry.

royale fut long-temps sans être informée du sort de la reine et de Mme Elisabeth. Quand elle questionnoit sur ce sujet les hommes de la commune qui venoient la visiter, elle ne recevoit aucune réponse.

Orpheline et captive, elle donna des preuves de ce courage et de cette constance dans les tribulations, qui long-temps après se sont développés avec une héroïque énergie, comme on le verra.

Après la mort de Roberspierre, *Madame* eut une existence moins douloureuse [1]. Il lui fut permis d'espérer de l'adoucissement à son sort. Elle reçut des vêtemens à peu près convenables. Plus tard elle put recevoir des visites bien douces à son cœur. Enfin il fut question de lui rendre la liberté. On proposa d'échanger la princesse contre des hommes de la Convention et autres Français prisonniers en Autriche. Qui

[1] Pendant un temps, elle eut auprès d'elle une dame de Chanterenne placée par le comité de salut public ; elle obtint aussi pour distraction de lire quelques livres de son choix.

croiroit qu'il fut négocié, à ce sujet, entre le gouvernement autrichien et la Convention, depuis le 3o juillet 1795, jusqu'au 18 décembre de la même année? Le 19 de ce mois, jour anniversaire de la naissance de Madame royale, cette princesse sortit du Temple pour être conduite à Bâle où devoit se faire l'échange, et de là à Vienne en Autriche. Elle étoit accompagnée de Mme la marquise de Soucy, sous-gouvernante des enfans de France. Son Altesse Royale voyageoit sous le nom de Sophie, et sous la garde d'un sieur Mechain, officier de gendarmerie [1]. Quand il donnoit devant du monde à la princesse le nom de *Sophie*, elle ne lui répondoit pas. La fille de Marie-Antoinette avoit cette noble fierté qui tient au sentiment qu'on a de sa dignité et de son prix interne, et que n'abat point l'adversité.

Madame royale arriva à Vienne le 9 janvier 1796. Elle fut re-

[1] M. Hue et un commissaire du Temple étoient aussi du voyage.

que de la famille impériale avec tous les égards dus à son rang et à ses infortunes. Ce fut au mois de mai 1799 que la jeune Marie-Thérèse partit de la capitale d'Autriche, pour se rendre dans celle de la Courlande. Le 10 juin de la même année, cette illustre exilée retrouva enfin le bonheur, en épousant Mgr le duc d'Angoulême.

Il y avoit près de deux ans que la jeune duchesse respiroit en paix à Mittau, sous la protection de son auguste oncle,

quand le sort qui les poursui-
voit les força de chercher un
nouvel asile [1]. Il n'en étoit qu'un
dans toute l'Europe pour les
Bourbons : c'étoit l'Angleterre.
Louis XVIII et Marie-Thérèse
se retirèrent ensemble dans cette
terre d'une généreuse et invio-
lable hospitalité. Ils y passèrent
environ treize ans.

La cause de la légitimité n'é-
toit pas perdue aux yeux des bons

[1] L'empereur de Russie, intimidé par
Buonaparte, crut ne pouvoir donner plus
long-temps un refuge aux deux illustres
proscrits.

Français : elle avoit été défendue avec héroïsme et persévérance dans la Vendée. Les folies de l'usurpateur accélérèrent son triomphe. On vit toutes les nations de concert entraîner leurs souverains pour abattre l'homme qui, à tout prix, vouloit l'être de l'Europe entière. Par elles, par les vœux d'une immense majorité des Français fut opérée la restauration de la royauté et des Bourbons. Louis le Désiré reparut dans sa capitale avec son inséparable Antigone. Qui, après avoir eu le bonheur de voir la rentrée dans Paris de Louis XVIII et de Madame la duchesse d'Angoulême, peut avoir oublié ce jour d'acclamations; peut ne pas se représenter ces deux augustes personnages dans une voiture simple, poudreuse et découverte, avec tout l'extérieur de voyageurs, absens depuis long-temps de leur patrie [1]?

[1] Voir le chapitre de l'arrivée de Louis XVIII, avec *Madame*, à Compiègne, par M. de Chateaubriand, le premier personnage de ce temps, en France, comme homme d'État et comme écrivain.

Qu'il fut doux et amer à la fois pour *Madame* de se retrouver enfin dans le palais de ses pères plein de souvenirs glorieux et douloureux pour elle! La princesse eut à peine le temps de s'y reposer. L'homme fatal sortit des eaux pour venir peser encore insolemment sur la France, aidé par la trahison de ceux qui avoient juré d'être fidèles au Roi légitime. Il fallut que la famille royale quittât encore la capitale pour chercher un refuge. Ce ne fut pas une fuite. Le Roi se re-

tira de son palais pendant le jour
et avec dignité. Il se porta à la
frontière de la France du côté
du Nord. L'usurpateur crut avoir
besoin des ombres de la nuit
pour rentrer au château des
Tuileries.

M. le duc et Mme la duchesse
d'Angoulême n'étoient pas alors
auprès de Sa Majesté. L'anniversaire du 12 mars 1814 approchoit.
Les Bordelais qui, à cette époque,
avoient dévancé de cœur et d'action le moment de la restauration, manifestèrent le vœu de re-

voir dans leurs murs Mgr le duc d'Angoulême; de voir avec lui Marie-Thérèse de France. La princesse sentoit le besoin de se montrer à une ville si chère, si précieuse aux Bourbons. L'auguste couple y arriva le 5 mars 1815. Il fut reçu avec les transports de la plus vive allégresse, avec enthousiasme, ivresse, délire.

« Nous la possédons enfin, s'é-
» crièrent les Bordelais par l'or-
» gane de M. Lynch[1], maîre; nous

[1] Aujourd'hui pair de France.

» la possédons enfin , la fille de
» nos Rois, la gloire de la France;
» celle que la divine Providence
» conserve pour être la consola-
» tion du meilleur des Rois, pour
» faire le bonheur du meilleur
» des princes ; nous la possédons
» enfin , non qu'un heureux
» hasard ait placé notre ville sur
» sa route , mais parce que sa
» bonté l'y a conduite. »

Les fêtes, les réjouissances,
les revues se succédèrent. L'enthousiasme se soutenoit au même
degré d'énergie parmi les habi-

tans, mais étoit mal partagé par
la troupe de ligne : la plupart des
militaires restoient froids et si-
lencieux : sinistre présage !

Dans la matinée du 9 mars,
LL. AA. RR. reçurent, comme
un coup de foudre, la nouvelle
du débarquement de Napoléon
sur la côte de Provence. C'étoit
le jour même de la fête offerte au
prince et à la princesse par le commerce de la ville de Bordeaux.
Il fut arrêté dans un conseil secret que LL. AA. assisteroient à
la fête, malgré la fatale nouvelle.

Madame y parut, sans porter sur son visage la moindre marque de trouble ou d'inquiétude, première preuve de sa fermeté et de sa présence d'esprit dans ces circonstances. M. le duc d'Angoulême partit à minuit pour se rendre dans le Midi et pourvoir à sa défense. Le lendemain, dans la matinée, *Madame* annonça aux magistrats l'étrange nouvelle : elle fut bientôt répandue. Les Bordelais, sans s'effrayer, semblèrent redoubler d'amour et d'intérêt pour la princesse. Ils

la supplièrent de rester au milieu d'eux , et jurèrent de mar-
cher contre l'ennemi commun.
Les autorités civiles et militaires
viennent avec empressement renouveler entre les mains de *Madame* le serment de mourir pour
le Roi. La troupe de ligne même
prête à ce moment le serment de
fidélité : cela est à remarquer.

Le général Decaen , gouverneur de la ville, étoit aux yeux
de quelques magistrats , clair-
voyans et dévoués , suspect d'in-
tentions secrètes. Il avoit mani-

festé, dans le principe, la prétention d'être à la fois gouverneur civil et militaire. Le préfet paroissoit lui être dévoué. Il ne trouvoit d'obstacle à sa prétention que dans le maire (M. Lynch). Le zèle de ce magistrat redoubla à ce moment de crise. Il falloit agir : *Madame* forma sur-le-champ un conseil présidé par le gouverneur lui-même, et auquel furent appelés le maire, le président du conseil-général et le commandant de la garde nationale. Toutes les autorités, tous

les commandans, tous les officiers généraux s'assemblèrent au
château royal, et firent éclater
en présence de *Madame* un
grand dévouement pour le service du Roi et pour la défense de
la ville, si elle étoit attaquée.
La princesse avoit dans le moment de quoi se rassurer un peu.

Mettant un grand prix à l'ac-
tivité, elle pressoit la formation
et l'armement d'un corps volon-
taire. Une souscription fut ouverte pour se procurer les fonds
nécessaires à l'équipement et à

l'habillement de la garde nationale destinée à entrer en service
actif. Le premier jour, cette
souscription s'éleva à près de sept
cent mille francs. *Madame* pas-
soit en revue les volontaires qui
venoient offrir leurs services. La
princesse fit plus : le dimanche
de Pâques, elle passa aussi en
revue les troupes de ligne et la
garde nationale assemblées au
Champ-de-Mars. L'objet étoit
de faire fraterniser les habitans
et la garnison. *Madame*, après
avoir parcouru les rangs, parla

aux troupes qui passèrent successivement devant elle, aux cris répétés de *vive le Roi, vive Madame!* Soudain, les officiers de la garde nationale se précipitent dans les bras des officiers de ligne, et se mêlant dans les rangs avec eux, les invitent à un banquet pour le jeudi suivant.

Les choses paroissoient aller bien. La nouvelle de l'entrée de Buonaparte à Paris en pressa et en changea le cours. Le zèle des Bordelais ne se refroidit pas; mais aux yeux des généraux et de la plupart des fonctionnaires pu-blics, la défense de Bordeaux étoit une tentative périlleuse et inutile. Le baron de Vitroles, commissaire du Roi, arriva dans cette ville; il annonça que le siége du gouvernement général, dont M. le duc d'Angoulême étoit nommé le chef, alloit être établi à Toulouse; et que tous les pou-voirs civils et militaires étoient confiés à Bordeaux, au comte Decaen, gouverneur. On va voir comment ce général répondit à la confiance des Bourbons.

Un autre général, Clauzel, en
révolte ouverte, s'avançoit sur
Bordeaux. Les Bordelais, toujours pleins du même zèle,
étoient décidés à repousser les
troupes de Buonaparte. Le gouverneur parut faire toutes les
dispositions d'une défense sé-
rieuse. Par ses ordres, cinq cents
volontaires se mirent en marche.
Toutes les positions furent prises
pour disputer les passages à l'ennemi. Clauzel parut bientôt sur
la rive droite de la Dordogne. Un
pont volant qui se trouvoit au

milieu de cette rivière, donna lieu à un engagement entre les troupes postées des deux côtés. Les soldats du général Clauzel firent feu sur le pont volant, et y plantèrent le pavillon tricolore. Les Bordelais attaquèrent le pont et enlevèrent le pavillon. Quelques soldats de Napoléon furent tués par l'artillerie. Ce petit avantage ne donna qu'un faux espoir. La garnison du fort de Blaye fut mise en pleine révolte par des proclamations de Buonaparte. Le général Clauzel trouvoit là des forces qui le rendoient supérieur aux Bordelais. Il annonça son entrée dans la ville comme très-prochaine ; cependant, pour mieux assurer ses mesures et y mettre des formes, il demanda à entrer en pourparlers. M. de Martignac fils [1], officier de la garde nationale, fut envoyé au général ennemi pour parlementer.

M. de Martignac, de retour, rendit compte à *Madame* de sa

[1] Aujourd'hui directeur-général de l'enregistrement.

mission, et lui remit les dépêches dont il étoit chargé. Elles contenoient entre autres choses une déclaration formelle, par laquelle les autorités civiles et militaires étoient rendues responsables des malheurs que pourroit entraîner une plus longue résistance. Ce qui occupoit les esprits, ce qui intéressoit les cœurs, c'étoit la personne de *Madame*, c'étoit sa sûreté individuelle. La sûreté de la ville veutelle qu'on capitule ou qu'on se défende ? Telle fut la seule ques-

tion que *Madame* permit d'exa-
miner. Cette généreuse princesse avoit si à cœur de conserver au Roi la bonne ville de
Bordeaux! Tous les conseils furent assemblés pour aviser au
parti qui étoit à prendre. En général on montra peu de dispositions à une résistance armée. Au
surplus on s'en remettoit à *Madame* et à l'autorité supérieure
pour ce qui étoit à faire. La princesse déclara que si sa présence
étoit nécessaire, elle étoit déci-
dée à ne point sortir de la ville;

que si au contraire on jugeoit
utile qu'elle s'éloignât, elle étoit
prête à partir. *J'aurai*, ajou-
toit-elle, *conservé la bonne ville
de Bordeaux aussi long-temps
que je l'aurai pu ; je me retirerai
satisfaite d'elle et de moi.*

Après des négociations sans
fruit, des incertitudes, il fut reconnu que la défense de la ville
étoit impossible ; que la garde nationale et les volontaires royaux,
s'ils s'y obstinoient, seroient pris
entre deux feux, la garnison
étant corrompue par les émis-

saires de l'usurpateur, et Clauzel se trouvant aux portes de
Bordeaux. C'étoit l'opinion du
gouverneur, dont le langage n'é-
toit plus équivoque. L'opinion
de *Madame* étoit tout-à-fait différente, motivée sur le zèle qu'elle
voyoit à la garde nationale et
aux volontaires, et sur la confiance
qu'elle avoit dans les troupes de
la garnison, dont la veille encore on lui répondoit. Comment,
disoit la princesse, ne pourroit-
on pas les employer? La chose
est impossible, répliquoient les

généraux qui en connoissoient l'esprit. Eh bien! reprend *Madame*, je désire me satisfaire : assemblez vos troupes dans leurs casernes respectives; j'irai juger par moi-même de la disposition des soldats. Les généraux, malgré leur répugnance, crurent devoir obéir.

C'est alors que Son Altesse Royale, digne petite-fille de Marie-Thérèse d'Autriche, se montre avec une résolution, une force et une présence d'esprit au-dessus de son sexe. Elle monte en voiture découverte, et s'avance avec un cortége d'officiers généraux. On arrive à la caserne Saint-Raphaël. Un profond silence y régnoit. *Madame* met pied à terre, passe deux fois dans les rangs, avec cet air de dignité qu'on lui connoît, vient se placer dans le centre du carré, et annonce l'intention de parler aux officiers : ils l'entourent. La princesse s'adresse en ces mots à toute la troupe :

« Messieurs, vous n'ignorez » pas les événemens qui se pas-

» sent en France ; un étranger
» vient de s'emparer du trône de
» votre Roi légitime. Bordeaux est
» menacé par une poignée de ré-
» voltés ; la garde nationale est
» déterminée à défendre la ville.
» Voilà le moment de montrer
» qu'on est fidèle à ses sermens.
» Je viens ici vous les rappeler,
» et juger par moi-même des
» sentimens de chacun pour son
» Roi légitime. Je veux qu'on
» parle avec franchise : je l'exige.
» Etes-vous disposés à seconder
» la garde nationale dans les ef-

» forts qu'elle peut faire pour
» défendre Bordeaux contre ceux
» qui viennent l'attaquer ? Ré-
» pondez franchement. » Aucune
voix ne se faisant entendre :
« Vous ne vous souvenez donc
» plus, reprend *Madame*, des
» sermens que vous avez renou-
» velés, il y a si peu de jours, en-
» tre mes mains ? S'il existe en-
» core parmi vous quelques hom-
» mes qui s'en souviennent, et qui
» restent fidèles à la cause du
» Roi, qu'ils sortent des rangs et
» qu'ils l'expriment hautement. »

A ce moment, on vit quelques épées en l'air.

« Vous êtes en petit nombre ; » dit Madame, mais n'importe : » on connoît au moins ceux sur » qui on peut compter. » Rien ne pouvoit sur les soldats.

Tels ne furent pas pour la première Marie-Thérèse les soldats Hongrois auxquels elle se présenta, et cependant ces soldats n'étoient pas liés par des sermens.

Il le faut dire : plusieurs des militaires que venoit de haran-

guer Son Altesse Royale offri-
rent de veiller à la sûreté de sa
personne. « Nous ne souffrirons
» pas, dirent-ils, qu'on vous ou-
» trage ; nous vous défendrons.
» — Il ne s'agit pas de moi,
» mais du service du Roi, reprit
» vivement *Madame* ; voulez-
» vous le servir ? — Dans tout ce
» que nos chefs nous comman-
» deront pour la patrie, nous
» obéirons, mais jamais nous ne
» nous battrons contre nos frè-
» res. »

Avant de s'éloigner, *Madame*

leur fit promettre qu'au moins ils contribueroient à maintenir l'ordre dans la ville, et qu'ils veilleroient à ce qu'on ne portât aucune atteinte à la sûreté de la garde nationale.

Suivons Madame dans sa douloureuse visite à la seconde caserne. Elle étoit en rébellion. La princesse ne put rien gagner. L'héroïne de Bordeaux fit une dernière tentative. Elle se porta au château Trompette. Quelle y fut sa réception ! A peine est-elle introduite dans le sombre inté-

rieur de cette citadelle, qu'elle
est frappée de l'air farouche de
la soldatesque qu'elle voit sous
les armes, et dans une sorte de
frémissement. *Madame*, sans se
troubler, s'adresse à cette troupe
avec l'énergie et la fierté d'une
âme sensiblement blessée : des
larmes rouloient dans ses yeux.
Elle ne fut jamais plus éloquente.
« Eh quoi! dit-elle aux soldats,
» est-ce à ce même régiment d'An-
» goulême que je parle? Avez-
» vous pu oublier les grâces dont
» vous avez été comblés par le duc

» d'Angoulême ? Ne le regardez-
» vous plus comme votre chef, lui
» que vous appeliez *votre Prince* ?
» Moi, dans les mains de qui vous
» avez renouvelé votre serment
» de fidélité ; moi que vous nom-
» miez *votre Princesse*, ne me re-
» connoissez vous plus ? » Des larmes couloient des yeux de *Madame*. « O Dieu ! ajouta la prin-
» cesse, avec l'accent de la plus
» amère douleur, après vingt ans
» d'infortunes il est bien cruel de
» s'expatrier encore. Je n'ai cessé
» de faire des vœux pour le bon-

» heur de la patrie, car je suis
» Française moi, et vous n'êtes
» plus Français. Allez, retirez-
» vous. » *Madame* sortit à l'ins-
tant de ce foyer de révolte.

Tout ce qu'on a vu se passa
dans fort peu de jours. Le général
Clauzel s'étoit posté de manière
qu'il n'y avoit que la rivière entre lui et la ville. Après de nouvelles communications de la part
de l'ennemi, et des pourparlers
sans fruit, il parut démontré à
Madame qu'il étoit inutile de
chercher à se défendre, c'est ce

qu'elle s'efforça de faire entendre à la garde nationale rangée tout entière autour d'elle. Debout dans sa calèche elle lui adressa ces mots : « Je viens vous de-
» mander un dernier sacrifice.
» Promettez-moi de m'obéir dans
» tout ce que je vous comman-
» derai. — Nous le jurons. — Eh
» bien, d'après ce que je viens de
» voir, on ne peut pas compter sur
» les secours de la garnison ; il est
» inutile de chercher à se défen-
» dre. Vous avez assez fait pour
» l'honneur. Conservez au Roi des

» sujets fidèles pour un temps plus » heureux. Je prends tout sur moi. » Je vous ordonne de ne point » combattre. — Non, non. » Des milliers de voix font entendre ces mots : « Relevez-nous de notre » serment. Nous voulons mourir » pour vous. » On saisit la main de *Madame*, on la baigne de pleurs. On demande comme une grâce qu'il soit permis aux Bordelais de répandre leur sang. L'enthousiasme tient du délire. Toute la ville le partage. Les cris de *vive le Roi* se font entendre à Clauzel

et à ses soldats. Clauzel s'en alar-
me, et fait braquer ses canons
sur la ville. Les drapeaux blancs
flottoient à toutes les fenêtres.
Madame retourna au palais sui-
vie d'une partie de ces valeureux
gardes royaux qui se jetoient à
ses pieds, sollicitant la permis-
sion de combattre. « Non, non,
» leur dit la princesse, en les re-
» levant, je vous prie de ne plus
» songer à la défense de Bor-
» deaux; vos efforts seroient su-
» perflus, j'en suis certaine. Je
» répondrai au Roi du sacrifice

» aussi pénible pour mon cœur
» que pour le vôtre, que je suis
» forcée d'exiger de vous, com-
» me le seul moyen de salut pour
» une ville qui m'est si chère. »

Les généraux étoient présens :
ils n'avoient pas quitté *Madame*
dans cette fatale journée. Son
Altesse Royale se tournant vers
eux leur dit : « C'est vous, Mes-
» sieurs, qui devez me répondre
» de la sûreté de cette ville et
» de ses habitans. Maintenez vos
» troupes et préservez Bordeaux
» de tout désordre : vous l'avez

» en votre pouvoir. — Nous le
» jurons à Votre Altesse Royale.
» — Point de serment. Obéissez
» au dernier ordre que vous re-
» cevez de la fille de votre Roi. »
Tous les régimens s'étant mis en
insurrection, le tumulte et le
désordre étoient au comble. *Madame*, tremblante à l'idée du sort
qui menaçoit les Bordelais après
son départ, ne pouvoit s'y ré-
soudre. Elle céda enfin, quand
il lui fut démontré qu'un plus
long séjour compromettroit le
salut de la ville.

Il est dit qu'il y eut une sorte de traité entre M. de Martignac et le général Clauzel pour le salut des habitans, et pour la sûreté de *Madame*.

Voici les adieux que la princesse en pleurs adressa aux Bordelais désespérés, en se séparant d'eux :

« Braves Bordelais : votre fidé-
» lité m'est connue. Votre dévoue-
» ment sans bornes ne vous per-
» met pas de prévoir le danger ;
» mais mon attachement pour
» vous m'ordonne de le prévenir.

» Mon séjour dans votre ville,
» s'il étoit prolongé, pourroit ag-
» graver les circonstances où vous
» vous trouvez, et attirer sur
» vous le poids des vengeances.
» Je n'ai pas le courage de voir
» des Français malheureux, et
» d'être la cause de leur infor-
» tune. Je vous laisse, braves Bor-
» delais, profondément pénétrée
» des sentimens que vous m'avez
» exprimés ; et je puis vous assurer
» qu'ils seront fidèlement trans-
» mis au Roi. Bientôt, avec le se-
» cours de l'Etre-Suprême, sous de

» plus heureux auspices, vous se-
» rez témoins de ma reconnoissan-
» ce et de celle du prince que vous
» aimez. *Signé* MARIE-THÉRÈSE. »

La princesse donna l'ordre du départ pour la nuit suivante. D'après les mesures prises par le consul d'Angleterre, tout étoit disposé à Pouillac pour y recevoir *Madame* à bord du navire *The Wanderer*. A huit heures du soir, elle monta en voiture, et partit escortée de cette garde dévouée, qui en hâte étoit montée à cheval pour protéger sa retraite. Un profond silence régnoit dans toutes les rues. Chacun s'étoit enfermé dans sa maison ; mais au bruit que fit le passage de *Madame*, malgré les portes et les fenêtres closes, les mots de *vive Madame* furent très-bien entendus au dehors. Le ciel devint orageux à la sortie de la ville. La nuit étoit noire et froide. La princesse et son escorte ne pouvoient aller qu'au pas par un chemin de sable. Elle n'arriva à Pouillac qu'à huit heures du matin le 2 avril. Tout

se trouvant prêt pour l'embar-
quement, *Madame* et les personnes qui tenoient à elle entrè-
rent dans la chaloupe du capitaine anglais, d'où elles furent
prises à bord du *Wanderer* pour
passer en Espagne [1]. On conçoit
le désespoir de cette garde, si
fidèle, si dévouée, quand il fallut se séparer. Elle avoit sur de
petites embarcations accompagné
la chaloupe qui portoit la prin-

[1] On a sur le séjour et la retraite de
Madame des détails donnés par la com-
tesse de Damas qui l'accompagnoit, dans
une lettre imprimée, du 10 avril 1815.

cesse, et flottant autour du navire, elle demandoit avec instance à voir encore *Madame*. Marie Thérèse parut sur le pont : un cri de douleur se fit entendre. Chacun aspiroit à obtenir quelque chose qui lui eût appartenu. Quelques uns de ses rubans furent partagés. Comme il n'y en avoit pas assez, la princesse détacha les plumes blanches qui étoient à son chapeau et les distribua [1].

---

[1] Ce trait neuf est le sujet d'un tableau peint par M. Gros, et qui a été vu à une exposition au Musée du Louvre.

Ce départ si touchant de *Madame* l'est encore plus par les circonstances du moment. La nature semble être dans le deuil : le ciel est orageux, la température est froide. C'est par une nuit noire et sur la mer agitée, que cette tendre princesse va voyager pour échapper aux implacables ennemis de sa Maison.

***

Nous apprenons par l'histoire que des reines, seules assises sur le trône, ont régné avec gloire ; que des reines aussi, des princesses ont commandé des armées, c'est-à-dire se sont élevées au-dessus de leur sexe. On ne voit pas une princesse [1], une fille de roi qui se soit trouvée dans la position de Madame Royale à Bordeaux. Elle est dans cette ville, pour y jouir avec sécurité du plaisir que sa présence désirée cause à ses généreux habitans.

[1] On peut citer dans les temps modernes, pour la présence d'esprit et le courage Catherine Ire impératrice de Russie, lors de l'affaire du Pruth.

Soudain arrive la nouvelle que l'homme de l'île d'Elbe est débarqué en France. Que va devenir, que va faire la princesse? Elle est seule, sans support, sans conseil. Les cœurs de tous les Bordelais lui sont assurés; mais les troupes de la garnison sont froides, incertaines à sa vue. Elles ne prennent point part à l'allégresse publique. *Madame* ne balance pas : elle les fait assembler, les passe en revue, les harangue et leur fait renouveler le serment de fidélité au Roi. De suite, elle profite du dévouement de la garde nationale et de l'ardeur générale, pour organiser une force militaire. Elle est l'âme de tous les conseils; elle donne de l'action à tout. Sa fermeté, sa constance vont être mises à une grande épreuve. D'un côté, un lieutenant de l'usurpateur paroît en armes à la vue de Bordeaux; d'un autre côté, la garnison est en révolte ouverte. Dans cette crise, Marie-Thérèse ne perd rien de sa présence d'esprit, de son mâle courage.

Comme elle n'a rien plus à cœur
que de conserver au Roi l'importante ville de Bordeaux, et qu'elle
se voit secondée par le zèle toujours croissant de ses généreux
habitans, elle exprime son vœu
que la ville soit défendue par la
force des armes, tant qu'il sera
possible. Sa sûreté personnelle est
la seule chose qui ne l'occupe pas.
Elle est assez bonne, assez généreuse pour espérer le secours des
troupes de ligne, parce qu'elles
ont juré devant elle d'être fidèles
au Roi. Vaine attente! Tout dit

à la princesse que la défense de la ville est impossible ; que la défection des troupes est générale et manifestée. Tel est le grand caractère de *Madame;* telles sa force d'esprit et sa constance, qu'elle veut faire une nouvelle tentative auprès des soldats. Elle se rend avec une sorte d'appareil à leurs casernes ; et, passant dans leurs rangs, elle leur dit avec force, dignité et sensibilité tout ce que lui dicte en ce moment l'émotion de son cœur. Il ne lui est répondu que par du silence

ou par un frémissement farouche,
La princesse se retire, le dépit
et l'amertume dans l'âme. Elle
n'a plus qu'une pensée, celle de
sauver les Bordelais dont une
plus longue résistance et sa présence ne peuvent qu'aggraver le
sort malheureux. Enfin elle se
sépare d'eux. La retraite de Madame Royale n'est point une
fuite, c'est un triomphe d'un
genre nouveau, bien consolant
pour un cœur comme le sien.

Les tribulations, les traverses

eurent enfin leur terme pour *Madame*. Le temps parut passé pour ne plus revenir, où l'héroïque fille du Roi des Français, après avoir été captive des Français, avoit été deux fois exilée de sa patrie par ces mêmes Français. Il fut donné enfin à cette courageuse princesse de jouir en repos et en toute liberté, d'elle-même et de sa gloire dans le palais de ses pères. Les grandes âmes ne sont pas sans ambition. Celle de *Madame*, si près du trône, fut de régner sur la France, mais par le pouvoir irrésistible des bienfaits et de toutes les vertus.

Je ne rapporterai pas avec détails les actes innombrables de charité, de bienfaisance et de libéralité qui signalent chaque jour madame la Dauphine. Les gazettes sont remplies de mentions à cet égard. Je ne parlerai pas non plus de ces secours pécuniaires si souvent donnés pour réparer ou adoucir des malheurs et des infortunes. On connoît les hospices, les pensionnats et autres établissemens, ou fondés, ou soutenus, ou protégés par la munificence de Son Altesse Royale.

C'est du voyage de madame la Dauphine dans la Vendée que je me propose de parler, dans la Vendée, cette terre classique de la fidélité [1]. Ce fut après s'être montrée de nouveau aux Bordelais, que *Madame* exécuta le projet qui lui étoit à cœur depuis

[1] La présence de Marie-Thérèse dans la Vendée, au temps de sa lutte sanglante, auroit opéré un ralliement général et causé des succès décisifs.

long-temps, celui de visiter la
Vendée, et surtout le Bocage [1].
Elle n'y passa que trois jours;
mais quels jours, et comme ils
furent employés! La princesse
arriva le 17 septembre 1823 à
Bourbon. Après avoir vu les édi-
fices publics, elle posa la première pierre d'une colonne qui,
érigée sur la principale place du
chef-lieu du département, indi-
queroit aux étrangers l'époque
où la fille des rois avoit paru sur
la terre de l'héroïque fidélité. On

[1] Centre fameux de la première Vendée.

sait que le vœu constant des Vendéens , pendant leur terrible guerre contre la république française , fut d'avoir à leur tête un prince du sang des Bourbons. Il ne fut permis à aucun d'eux d'avoir ce bonheur.

Le lendemain 18 , madame la duchesse d'Angoulême se mit en route dès six heures du matin. Elle trouva à l'entrée de tous les bourgs des arcs de triomphe. Le plus remarquable étoit celui des *quatre chemins*. Ce lieu illustré par quatre victoires éclatantes

est fameux pour les Vendéens,
comme l'étoit pour les Grecs le
champ de Marathon.

Son Altesse Royale se rendit
d'abord à l'église des Herbiers.
Ensuite elle monta à cheval pour
aller à la montagne dite des
Alouettes. De ce superbe plateau,
le point le plus élevé du pays,
les yeux planent sur une grande
partie de la Vendée militaire. Là
étoit la véritable fête de la journée, au milieu d'une population
d'environ douze mille âmes, dont
plus de cinq mille hommes en

armes. *Madame* accepta, sous
une tente élégamment dressée,
un déjeuner qui lui étoit offert
au nom de la Vendée entière.
Les fonctionnaires publics et les
plus notables personnes, dont
les noms pour la plupart sont
historiques, étoient à la table de
Son Altesse Royale. Le peuple
pouvoit circuler autour. Comme
la princesse étoit venue pour
tous, elle voulut que tous pus-
sent jouir de sa présence, par
tout accès auprès de sa personne.
Elle se leva de table pour aller

se mêler à la multitude. Telle étoit son admirable popularité. Elle passa dans les rangs, adressant aux uns et aux autres de ces paroles qui paient de grands services. Plus d'une heure fut employée à cette revue. Qu'elle étoit différente de celle que madame la duchesse d'Angoulême avoit faite autrefois à Bordeaux des troupes françaises de la garnison!

A midi de ce jour, *Madame* à cheval, accompagnée du préfet, M. de Curzay, et d'autres per-

sonnages de distinction, a visité
Mortagne, ville assez petite, mais
fameuse dans les guerres de la
Vendée. Sa curiosité satisfaite, la
princesse est retournée à Bourbon
où elle a dîné avec toutes les personnes de marque qui se trou-
voient sur le lieu. Avant de quitter cette ville, madame la duchesse d'Angoulême voulut faire
quelque chose de spécial, aux fins
de soulager et de consoler. Elle
remit au préfet la somme de
20,000 fr. destinée aux hôpitaux,
aux Vendéens blessés, aux veuves

et aux orphelins. Cette somme
peut paroître foible pour tant
de besoins, de la part d'une
princesse presque reine de France. En y réfléchissant, on trou-
vera que cette somme étoit beaucoup. *Madame*, comme on l'a
dit, s'adonnoit ou coopéroit à
tant d'œuvres de charité, de
bienfaisance et de générosité ;
elle avoit en outre si souvent de
l'argent à débourser pour des
cas imprévus, que ces 20,000 fr.
donnés devoient faire un assez
grand vide dans sa caisse.

Le 19, à sept heures du matin, la princesse se mit en route pour passer à Nantes. Elle arriva à Belleville, et s'arrêta au quartier-général de Charrette. Ce grand capitaine fut le personnage le plus renommé dans cette partie de la Vendée. A quelque distance de la paroisse, on voit le modeste logement qu'il occupoit. *Madame* se fit un devoir de le visiter. Là, elle prit des Vendéens, qui formoient son cortége, des informations sur la personne et la famille du héros. Aux récits qui lui furent faits, madame la duchesse d'Angoulême ne put contenir l'émotion de son cœur. De sa bouche auguste sortirent ces paroles remarquables : *Ah! pourquoi faut-il que tant de dévouement et de gloire n'aient pas eu un meilleur sort!*

Nous avons parlé du mont des Alouettes. *Madame* consentit à ce que son passage, sa présence sur ce beau plateau fussent consacrés par la fondation d'une chapelle. Elle donna 5ooo fr. pour l'érection de ce petit monument, sur un site aussi mémorable que pittoresque.

Madame la duchesse d'Angoulême quitta la Vendée proprement dite, pour se rendre au vœu des Nantais qui avoient envoyé à Son Altesse Royale une députation à Bordeaux, pour l'inviter à les rendre heureux par sa présence. *Madame* fut à Nantes à peu près quatre jours, du 19 au 22 septembre inclusivement.

Il n'entre pas dans mon plan de raconter ce qui se passa dans la bonne ville de Nantes , pendant ces jours d'allégresse, d'attendrissement, de plaisirs et de bonheur [1]. Je dirai donc seulement que Son Altesse Royale visita le pensionnat gratuit de Saint-Michel : c'est un établissement pieux , où un grand nombre de jeunes personnes sont formées au travail et à la vertu. En sortant de cette maison , *Madame*

[1] Pour bien connoître en détail tout ce qui eut lieu dans ces journées, il faut lire un écrit intitulé : *Madame, duchesse d'Angoulême à Nantes*. L'auteur dit qu'il a été témoin oculaire.

dit au préfet: *Je vous laisse mille écus que vous partagerez selon votre discernement, entre quelques infortunes vendéennes qui seront indiquées, et les établissemens de cette ville qui donnent secours à l'indigence.*

Quand on a occasion de parler de la Vendée, on ne peut s'empêcher de faire des réflexions qui sont particulières au peuple de cette région. La lutte soutenue

par les Vendéens contre les révo-
lutionnaires français est unique
dans l'histoire de tous les temps ,
moins par sa durée et ses faits
éclatans, que par son caractère.
Ce n'est pas de leur part une
guerre civile , une guerre d'ambition, de haine, de vengeance.
C'est une confédération de quelques départemens pour dé-
fendre , au prix de leur sang ,
tout ce qui est cher à des hommes
civilisés qui ne sont pas corrom-
pus, savoir, la religion, les légi-
timités , la propriété. Au con-

traire, la guerre qui est faite aux Vendéens est une guerre impie, une guerre civile, une guerre d'extermination. Aussi tout se lève contre elle ; tout y prend part, les prêtres [1], les nobles, le peuple, les femmes [2], les enfans. Tous les préjugés, tous les priviléges s'effacent devant une cause si belle. Des hommes du commun [3] sont portés au com-

[1] Ils ne s'écartèrent point de leur saint ministère : ils ne combattoient pas.

[2] Il y en eut qui combattirent déguisées en homme.

[3] Cathelineau, Stofflet, etc.

mandement des troupes par des
hommes titrés, par de grands
propriétaires. Tout est de sentiment dans ces bons Vendéens.
Ils sacrifient tout pour leur religion et pour l'auguste famille des
Bourbons dont ils ne connoissent
pas un membre.

La guerre à outrance qui étoit
faite aux Vendéens ne leur fit
point méconnoître les droits de
l'humanité. Ils épargnoient leurs
prisonniers, quand les troupes
de la Convention massacroient
froidement tous les êtres humains

qui tomboient en leur pouvoir. Les ennemis de toutes vertus, de toutes gloires se sont évertués à rabaisser le mérite prodigieux des Vendéens, en les faisant considérer comme des rebelles, des fanatiques, des brigands, presque toujours vaincus par les républicains, et dont les armées furent toujours peu nombreuses. Une vérité bien connue, c'est que ces défenseurs de leur religion, de leur Roi, de leurs foyers, ont éprouvé des revers qui ne les ont jamais découragés; qu'ils se sont trouvés, pendant un temps, sous les drapeaux, au nombre de plus de cinquante mille hommes de troupes effectives.

Une vérité non moins constante, c'est que les héros de la Vendée (ce qui embrasse toute sa population) n'ont pas été dans l'origine assez admirés. A la restauration (il le faut dire) ils n'ont pas éprouvé toute la faveur qu'ils méritoient à tant de titres. Son Altesse Royale madame la Dauphine a, par sa présence dans la Vendée, par ses bontés et par ses bienfaits dans tous les genres, accompli toute justice. Elle a achevé de payer les dettes sacrées de la reconnoissance.

FIN.

TABLE

DES MATIÈRES PRINCIPALES.

FIN DE LA TABLE.